Adam Trabert

Kaiser Julian der Abtrünnige

Dramatisches Gedicht

Adam Trabert

Kaiser Julian der Abtrünnige
Dramatisches Gedicht

ISBN/EAN: 9783743676985

Hergestellt in Europa, USA, Kanada, Australien, Japan

Cover: Foto ©Thomas Meinert / pixelio.de

Weitere Bücher finden Sie auf **www.hansebooks.com**

Kaiser Julian
der Abtrünnige.

Dramatisches Gedicht

von

Adam Trabert.

Wien, 1894.

Verlag der Verlagsbuchhandlung „Austria"
VII. Schottenfeldgasse 3.

Vorwort.

Flavius Claudius Julianus, in der Geschichte zu=
meist nur Julian der Abtrünnige (Apostata) ge=
nannt, war der am 16. November 331 unserer Zeit=
rechnung geborene Sohn des Julius Constantius, eines
Bruders Constantins des Großen, welch letzterer be=
kanntlich als Beherrscher des römischen Reiches in diesem,
nachdem er unter dem Zeichen des Kreuzes einen glänzen=
den Sieg errungen hatte, das Christenthum zur Staats=
religion machte. Dem Kaiser Constantin, der am 22. Mai
337 starb, folgten als Beherrscher des Reiches seine
drei Söhne Constantin II., Constantius II. (nicht mit
dem gleichnamigen Vater Julians zu verwechseln) und
Constans. Ihre Herrschaft begann damit, daß die Brüder,
Neffen und sonstigen Verwandten Constantins des Großen
durch die Soldaten, man sagt: auf Anstiften Constan=
tius' II., grausam ermordet wurden. Nur Julian und
dessen älterer Bruder Gallus entgiengen diesem Blut=
bade, das man ein Vorbild türkischer Thronwechsel
nennen möchte, die später nicht selten ganz ebenso ein=
geleitet wurden.

Die drei Brüder, die ihrem Vater Constantin am
22. Mai 337 in der römischen Weltherrschaft gefolgt

1*

waren, regierten ihrem Anfange entsprechend. Constan=
tin II. hatte Gallien, Britannien und Spanien bekommen,
wollte aber auch noch Afrika haben, begann Krieg gegen
seinen Bruder Constans, dem Italien und Illyrien zu=
gefallen waren, und wurde 340 in Aquileja ermordet.
Constans, der durch den Tod Constantins II. Herr über
zwei Drittel des Gesammtreiches geworden war, wurde
durch den Empörer Magnentius, einen Franken, ver=
trieben und starb durch Mörderhand in den Pyrenäen.
Gegen Magnentius kämpfte nun Constantius II., dem
nach seines Vaters Tod der Orient mit Thracien und
Constantinopel zugefallen waren, um die Alleinherrschaft.
Der Franke wurde wiederholt geschlagen und starb durch
Selbstmord.

Wen alles das mit Recht entsetzt, der vergesse
dabei nicht, dass damals die arianische Irrlehre im
römischen Reiche allmächtig wurde. Constantius II. ins=
besondere war nicht bloß Alleinherrscher im Reiche ge=
worden; er wollte auch Gewaltherr der Kirche sein und
verfolgte von seinem Throne herab alle diejenigen, die auf
Rom und den heiligen Athanasius hörten, so grausam,
dass er sich fast einem Decius als würdigen Genossen an
die Seite stellen darf. Ja, man sagt, dieser wüthende
Arianer Constantius II. habe, wo es sich um die Katho=
liken handelte, den Decius an Perfidie noch übertroffen.

Kehren wir nun zu den Neffen Constantins des
Großen zurück, welche dem Blutbade von 337 entronnen
waren. Sie wurden lieblos, argwöhnisch und in strenger
Abgeschlossenheit erzogen. Das reifte den Älteren von
ihnen, Gallus, zur Empörung gegen seinen zur Allein=
herrschaft gelangten Vetter Constantius II., der ihn hin=
richten ließ.

Conſtantius II. war kinderlos und Julian, der in
der Kaiſerin eine wohlwollende Fürſprecherin hatte, ſein
muthmaßlicher Erbe. Conſtantius ließ ſich dadurch be=
ſtimmen, ihn mit ſeiner Schweſter Helena zu vermählen,
ihn zum Cäſar zu ernennen und ihm die Provinz Gallien
zur Verwaltung zu übergeben. Dort ließ ſich Julian 360,
nachdem er ſich durch die Herſtellung von Ruhe und
Ordnung in ſeiner ſchwerbedrängten Provinz unver=
kennbare Verdienſte erworben und auch als tüchtigen
Soldaten und Feldherrn erprobt hatte, durch ſeine Le=
gionen, noch zu Lebzeiten Conſtantius' II., zum Auguſtus
ausrufen. Es wäre das der Anfang des Bürgerkrieges
geweſen, aber — Conſtantius II. ſtarb eines plötzlichen
Todes, und Julian war 361 Alleinherrſcher im römiſchen
Reiche. Wie er in dieſer Machtſtellung als grimmiger
Feind des Chriſtenthums die Religion des Kreuzes zu
ſtürzen verſuchte, das lebendig zu ſchildern iſt die Auf=
gabe meiner Dichtung.

Er hat trotz allem Häſslichen in ſeinen Handlungen
und in ſeinem Charakter, trotz dem widerlich Schmutzigen
in ſeiner äußeren Erſcheinung zahlreiche Bewunderer ge=
funden und findet deren täglich neue. Einer ſeiner Ver=
herrlicher nennt ihn „den Romantiker auf dem Throne“.

Romantiſch iſt auch meine Dichtung geworden.
Aber die Romantik hat der hiſtoriſchen Wahr=
heit keinen Eintrag gethan. Indem ſie das Wider=
liche, das dieſem Haſſer des Kreuzes anhaftet, ins
Dämoniſche umwandelt, macht ſie ihn dramatiſch=inter=
eſſant und ſein Ende tragiſch.

Erster Aufzug.

Das Parlament der Hölle.

(Großer, roth drapierter Saal. An erhöhter Stelle ein rother Thron=
sessel mit goldgesticktem Kissen. Tiefer die Parlamentsbänke. Die
zahlreich versammelten Teufel wogen noch ordnungslos, sich unter=
haltend, lachend und scherzend, einige auch miteinander streitend,
hin und her. Andere zeigen besorgt auf den noch leeren Thron=
sessel. — Es erscheint)

Belial.

Nach langer Fahrten Noth und Pein,
Ein Spätling, tret' auch ich hier ein,
Ordnung in allen Höllensachen,
Weil schief sie geh'n, mit Euch zu machen.
Doch dort der Thron, so hoch und hehr,
Er ist, o weh, noch immer leer,
Und ängstlich fragen Eure Mienen:
Wo bleibt der Herre, dem wir dienen?

Abaddon.

Hast du nicht Lust, ihn abzulösen?
Du zeigst ja gern auf seine Blößen
Und nennst gar oft mit frechem Maul
Ihn alt geworden, schwach und faul,
Dem, statt daß noch er commandiere,
Schon längst sein Altentheil gebüre.
Nun denn! Ist dort der Thron noch leer,
So setze du nur stolz dich her!

Krotenlore.
(Noch immer draußen.)

Nur vorwärts! vorwärts! Schlagt sie nieder!
Sind sie so rüb', so seid noch rüder.
Haut ins Gesicht sie, auf die Glatze,
Und wer nicht hauen kann, der kratze!

Mehrere Teufel.

Die Weiber sind's, die Hexenhorde,
Die stürmend bricht des Hauses Pforte.
Sie fordern laut mit wildem Grimme
Im Parlamente Sitz und Stimme.

Belial.

Was! Sitz und Stimm' im Parlamente?
Soll hier denn schnattern Gans und Ente?

Mehrere Teufel.

Still da! Nicht gleich geschimpft, Ihr Herr'n!
Wir Junge gönnen herzlich gern
Das gleiche Recht mit uns den Weibern
Mit rothen Mäulern und schlanken Leibern.

Asmodi.

Thut allen auf nur ohne Wahl,
Denn unserm Rede-Nothspital,
Das Reichstag Ihr und Parlament,
Das Parlament der Hölle, nennt,
Ihm thut ein wenig Kurzweil Noth,
Sonst gähnt man hier sich noch zutodt.
(Es eilen mehrere Teufel zur Pforte, um diese zu öffnen.)

Andere Teufel.

Wir leiden's nicht! Ihr Narren, halt!

Wieder Andere.

Und wir erzwingen's mit Gewalt.

Krotenlore.

(Anfänglich noch draußen, dann im Saale.)

Hört mich, Ihr Damen und helft mit Macht
Wir drücken, daß die Pforte kracht.
Wir sprengen das Thor, das noch uns trennt
Von unserm Recht im Parlament.
Ei, ei! Da seht die alten Laffen!
Sie glotzen uns an wie Ochsen und Affen.
Doch sagt, Ihr Herr'n, wo ist der Alte,
Von dem es heißt, daß hier er walte?

Abaddon.

Meinst du den Fürsten, unsern Herrn,
So halte dich von Frechheit fern
Und sprich in solch' erlauchtem Kreis
Fein mit Manier, du Naseweis!

Krotenlore.

Was! Ihr Erlaucht? Dann bin ich's auch.
Fort mit vertracktem, altem Brauch!
Ich ford're hier im Höllenreich
Für uns das gleiche Recht mit Euch.

Mehrere Teufel.

Und wir gewähren's ganz und voll.

Belial.

Zum Henker! Seid Ihr alle toll?

Asasel.

Das ist Revolte, ist Empörung.

Krotenlore.

Ja, ja! Statt dummer Volksbethörung.

Asasel.

Was Ihr verlangt, es widerspricht
Uraltem Recht, uralter Pflicht,

Die selbst der Teufel nicht verletzt,
Weil sie ein Stärkerer gesetzt.

Krotenlore.

Ein Stärk'rer, der nur ist und war,
Wo Hirnesblödheit ihn gebar;
Ein Selbstbetrug, vom Traum gesponnen
Und vor dem wachen Blick zerronnen.
Die Freiheit und das gleiche Recht
Sind meine Götter. Gebt sie! Sprecht!

Die Mehrzahl der Teufel.

Hoch, Krotenlore! Freiheit! Recht!
Das gleiche Recht auch ihrem Geschlecht!

Krotenlore.

So decretieren wir sogleich
Das Grundgesetz fürs Höllenreich!

Druselkäthe
(eine alte Hexe mit großem Höcker).

Und Paragraphus eins, Ihr Weisen,
Er soll die freie Liebe heißen.

Alle Teufel.

Die freie Liebe der alten Drusel
Und ihrem Durst ein Faß voll Fusel!

Belial.

Gemach, Ihr Herr'n! Loyalität
Übt unser Orden früh und spät.
Der Herr ist fern, vielleicht betrübt,
Weil hoffnungslos er seufzt und liebt.
Drum laßt uns end'gen seine Noth
Und weihen ohne Aufgebot
Die Käth' als Mitregentin ihm.

Asmodi.

Beschließt nicht gar so ungestüm!
Soll denn ich Armer gar nichts haben,
Mein Herz in süßer Lust zu laben?
O Käthe, sieh, hier knie'n und brennen,
Den sie den Eheteufel nennen.
O Druselkäthe! Du die Sonne
Der Schönheit und der Liebeswonne,
Zieh mich, den treuesten Galan,
Als Ewig=Weibliches hinan!

(Allgemeines, wildes Gelächter. Plötzlich gellen die Töne einer
Posaune. Todtenstille im ganzen Saale. Lucifer, eine goldene Krone
auf dem Haupte, tritt ein.)

Lucifer.

Bei meiner Seele, du saubere Meute
Scheinst heute bei Laune, zu meiner Freude,
Und daß Ihr Euch hier

        (auf die Druselkäthe hinweisend)

               ein solches Pack
Habt zugesellt, verräth Geschmack.
Geh' fort! Denn du und deine Geberden
Sind selbst für Teufel zum Übelwerden.
Geh fort und zeige mir wieder klar,
Daß ein Kameel dein Vater war.
Dein Höcker sagt's, der groß genug,
Daß einst er sieben Teufel trug.

(Auf eine andere Hexe hinweisend.)

Sieh da! Hier auch Frau Raserich.
Freund Belial, die ist für dich.
Denn macht dich müde das Wandern und Schreiten,
So kannst du auf ihrer Nase reiten.
Und hier die Lore mit scharfer Kralle,
Willkommen! Willkommen! Ich grüß' Euch alle,
Zwar seid Ihr nicht gar höflich gekommen,
Doch wird das heut' nicht genau genommen,
Denn Arbeit gibt's, wohin ich blicke,
Für Weiberlist und Weibertücke.

Davon nachher! Jetzt, Belial, rede!
Was hattet Ihr hier für Lärm und Fehde?
Wem galt der Spott und wem der Hohn,
Den hier es gab vor meinem Thron,
Als diese goldgestickten Kissen
Euch noch den Herrscher ließen missen?

Belial.

Gestrenger Herr! Wir harrten alle,
Bis es, zu kommen, dir gefalle.
Doch bin ich nur als Spätling hier;
Ich kam, o Herr, erst kurz vor dir,
So ungefähr als hier die Damen
Gleich Poltergästen lärmend kamen.

Lucifer.

Bist du es, dem sie gratulieren?

Asmodi.

Die Lore möchte heim ihn führen.

Lucifer.

Ich bin versucht, bei meinem Leben!
Auch diese noch ihm hinzugeben.
Das wär' ein Eh'stand, der auf Erden
Verdiente, nachgeahmt zu werden.
Doch jetzt, Ihr Herr'n, thut andres Noth:
Ihr kamt hieher auf mein Gebot
Und harrtet — sagt Ihr — hier im Schweigen,
Bis Euer Herr sich werde zeigen,
Und Euer freches Lästermaul
Schalt nie mich alt und schwach und faul?
Ihr kennt des Höllenreiches Noth;
Ihr seht, daß uns Verderben droht;
Ihr hörtet es mit eig'nen Ohren,
Was uns die neue Brut geschworen,
Die jüngst, vor unserer Macht erschreckt,
Der Feind der Hölle ausgeheckt.

Schon steht des röm'schen Reiches Aar
Im Dienst der Nazarenerschar.
Ein Ding, zwei Balken sind's aus Holz,
Statt Jupiters, jetzt Ihr es stolz
Als Siegesmal die Berge krönen
Und unsern Niedergang verhöhnen.
Astartes Thron, der uns gedient,
Hat man zu stürzen sich erkühnt.
Ihr Dienst, der unserm Reich entstammt,
Er wird als Buhlschaft frech verdammt.
Den heit'ren Hochgenuß der Sinne
Verdrängt die starre Gottesminne.
Satyr und Faun, die unsre Hände
Einst malten auf die Tempelwände,
Sie führen längst kein Opfer mehr
Als unsre Beute lächelnd her.
Was Sünde heißt, lockt fürder nicht;
Entsagung liegt als schwere Pflicht
Auf allen Herzen und Gedanken,
Die nur ins dunkle Jenseits wanken.
Das Leben wird dem Tode gleich,
Nur daß der Hölle starkes Reich,
Dies Reich der süßen Weltgenüsse,
Elend vergeh'n am Siechthum müsse.
Ihr hört's und schweigt? Ihr bleibet stumm?
Fluch diesem Narazenerthum!

Alle Teufel.

Ersticken soll's in Schmach und Blut!
Fluch dir, du Narazenerbrut!

Lucifer.

Nun denn, so höret mein Ermahnen!
Schwört ab der Zwietracht falschen Fahnen!
Vernehmt gehorsam meinen Plan
Und greift die Arbeit tapfer an!
Vom Throne Constantins des Großen
Wird seinen Sohn der Tod verstoßen.

Er heißt Constantius und war
Für uns, wenn wir's bedenken klar,
Nicht gar so übel, wie Ihr wißt;
Kein echter, aber doch — ein Christ!
Ihm folgt sein Vetter Julian.
Zwar ward auch der im Christenwahn
Von dummen Mönchen auferzogen
Und gierig hat er eingesogen,
Was ihre Kunst als Weisheit bot.
Ich aber hab' für and'res Brot
Klug vorgesorgt und sorgsam breite
Ich um ihn her die rechte Weide.
Was je von Juden= und Heidenhänden
Geschrieben ward, das Kreuz zu schänden,
Das laß ich ihn in Hungersqual
Hinunterwürgen ohne Wahl.
So ward der Zweifel in ihm rege;
So bracht' ich ihn auf meine Wege.
Nun gilt's, ihn wie in Stahl und Eisen,
Was unsre Kunst versteht, zu schweißen,
Und stürzen muß von seinem Streich
Das letzte Kreuz im röm'schen Reich,
Daß, was auf Erden kreucht und fleugt
Sich wieder vor der Hölle beugt
Und, vor die Götterfratzen, die alten,
Die wir halb Thier, halb Mensch gestalten,
In frischgeputzten Dienst gestellt,
Die Menschen vergessen den Herrn der Welt,
An den, auch wenn sie Flüche schnauben,
Sogar die Teufel bebend glauben.

Krotenlore.

Was, alter Narr, du glaubest an Gott,
Mach' dich nicht gar zum Kinderspott!
Dein großer Pan ist, meiner Treu,
Nur weil du Thor noch glaubst: er sei.
Drum mach' dich frei.

Lucifer.

Schweig, Lästerseele,
Und höre, was ich dir befehle!
Den ich, dem Höllenreich zum Frommen,
Längst in die Arbeit hab' genommen,
Er herrschet klug mit starker Hand
Als Cäsar jetzt im Gallierland.
Für ihn, den Cäsar Julian,
Nimm die Gestalt der Venus an.
Auf flücht'gen Sohlen eile hin
Als wilder Lust Erweckerin.
Umstrick' ihn schlau mit deinen Tücken,
Daß Gier und Taumel ihn berücken
Und willenlos, ein zahmer Stier,
Er dir nur folgen kann und mir.
Schaff' aus der Gallierstadt Paris
Der Lüsternheit ein Paradies
Und laß die griechische Hetäre
Umtanzen deines Cults Altäre.
Laß alle, die dem Kreuze dienen,
In deinem Dienst den Abfall sühnen!
Geh, geh, und ruh' und raste nicht,
Groß zu erfüllen deine Pflicht.
Ich selber weil' in deiner Nähe,
Daß deiner Kunst Triumph ich sehe. —
Freund Asasel, gib du nun acht
Auf das, was dir ist zugedacht.
Ein schweres Stück, sei's dir vertraut,
Auf den ich nie umsonst gebaut. —
So höre denn! In Chalcis lebt
Ein philosoph'scher Narr, der schwebt
Beim Beten seiner Litanei
Zehn Fuß hoch in den Lüften frei.
Das Heidenvolk von weit und breit
Küßt ihm den Ärmel, küßt sein Kleid
Und reicht — er nennt sich Jamblichus —
Dem Narren seinen Obolus.

An Götternamen buchte der
Zehntausend oder gar noch mehr.
Da steht der Pun=Ku=Wong, der Baal,
Der Basmagut, der Rübezahl,
Daß stolz auch er als Gott sich brüste,
Mit Zeus und Thor auf einer Liste.
Auch Ihr, ja, geht nur hin und seht,
Daß Ihr auch im Verzeichnis steht,
Denn in den vielen langen Listen
Fehlt Einer nur — der Gott der Christen.
Das ist's! Das soll bei Julian
Mir siegreich krönen meinen Plan.
Du gehst nach Chalcis, Asasel,
Mir zu copieren ohne Fehl
In jedem Blick, in jedem Wort
Den großen Göttermacher dort;
Lern' sorgsam, wie er schwatzt und sputt,
Wie mit verdrehtem Aug er guckt.
Besonders merke dir mit Fleiß,
Was er von Extragöttern weiß;
Denn jeder, der sich Cäsar nennt,
Will herrschen bis ans Weltenend
Und hat sein Denken und sein Dichten
Vor allem darauf einzurichten,
Daß jedem Völklein dieser Erde
Im Extragott sein Würstlein werde.
Nach Chalcis denn! Und dann zum Schluß
Zum Cäsar hin, als Jamblichus,
Daß dich zum Meister er erwähle
Und dein er wird mit Leib und Seele.

Asasel.

Famos! Und um ihn ganz zu kriegen,
Lern' ich, als Fledermaus zu fliegen.

Lucifer.

Ihr andern da, ich brauch auch Euch.
Helft mir, zu retten unser Reich

Und merkt Euch, daß die That gelinge,
Als Kampfesregeln diese Dinge:
Wo Christen segnen oder fluchen,
Da laßt auch Euch nicht lange suchen;
Da zeigt Euch als des Spottes Meister;
Verhöhnt sie dreist und immer dreister;
Nennt, was sie wissen, eitlen Dunst;
Nennt geistlos sie und ohne Kunst
Und sorgt, wo ihr Gesang ertöne,
Daß Euer Hohngelächter dröhne.
Denn schon gewonnen ist die Schlacht,
Wenn dreist und frech die Spottsucht lacht,
Die Schwachen reizt zu Frevelthaten,
Um laut sie allen aufzuladen.
Lügt, daß sie bei dem Liebesmahle
Mit Blut sich füllen die Pokale,
Und zeigt, daß aller Sitte blind,
Sie Wölfen gleich und Tigern sind.
Mengt selber Euch in ihre Reih'n,
Der Frommen Frömmste dort zu sein.
Kriecht hündisch vor des Kaisers Macht,
Daß jeder Freie sie verlacht.
Doch ist ein Mächt'ger Euer Hörer,
So schildert sie als Reichsempörer.
Schimpft auf den Wühler Athanas,
Der schon das Brot der Verbannung aß,
Doch, heimgekehrt, vor aller Welt
Rom über Byzanz und den Kaiser stellt.
Schmäht mehr noch auf den Ungefügen,
Der, wenn im Staub die andern liegen,
Das Lehramt, das auf seinem Thron
Der Kaiser übt, mit frechem Hohn
Zu Rom in seinem Bischofsamt
Als Ketzermeinung streng verdammt.
Und wenn ein Feldgeschrei Ihr braucht,
So brüllt und schreit und zetert und faucht
Ins Ohr jedwedem Erdenkloß
Die Phrase „Homoiusios“.

Zu denken braucht Ihr nichts dabei;
Die Menge folgt ja schon dem Schrei.
Die Hauptsach' ist Euch einzig das:
Was Rom bekennt und Athanas,
Das scheltet laut und ohne Scheu
Des Bonzenthums verflucht Gebräu.
Doch was der andern Wahnsinn spinnt,
Nennt christlich=echt und wohlgesinnt,
Bis aller Meinung und Gedanken,
So schrecklich durcheinander wanken,
Daß aus dem Tempelschutt, dem alten,
Von selbst sich neues muß gestalten.
So wird das Christenthum zum Spotte
Und Hahnrei Zeus zum höchsten Gotte. —
Nun dir noch dies, du wüste Schaar,
Die hier krakehlte, da fern ich war.
Zeit wär' es wahrlich, auf der Stelle
Zu zeigen Euch das Recht der Hölle;
Doch soll, um nicht bloß Euch zu schelten,
Mir selbst die erste Rüge gelten.
Mein eigner Fehler war's, zu denken,
Daß Ihr Euch selber könntet lenken.
Drum soll, wenn hier Ihr seid allein,
Ihr fürder ohne Zucht nicht sein.
Abaddon, komm' und stelle dich
Zur Seite mir als zweites Ich.
Sei mein Minister —

(Ein Theil der Teufel lacht höhnisch.)

Lucifer.

(Zornig und streng.)

— mein Verwalter,
Der Ordnung Schild und Aufrechthalter.
Will wieder wer hier rebellieren,
So lehr' du ihn streng Manieren!
Schwer zücht'ge den mit Höllenpeinen,
Der größer, als er ist, will scheinen,

2*

Und zehnfach büß' in Qual und Noth,
Wer hier mein Fürstenrecht bedroht.
Nun geht! In Gnaden geht Ihr nicht.
Verdient sie erst in strenger Pflicht!

Belial.

Ein Wort, o Herr!

Asmodi.

Ein Wort auch mir!

Lucifer.

Wer schwatzt da noch? Dort ist die Thür!
Will einer gar vielleicht mir sagen,
Mein Alter drück' auf Hirn und Magen
Und daß mir, der ich hier regiere,
Schon längst mein Altentheil gebüre?
Ich will kein Schwatzen hier und Kohlen;
Hinaus! und thut, was ich befohlen!

(Alles Licht erlischt. Blitz und Donner. Der ganze Höllensaal ver=
sinkt ins Dunkel. — Der Vorhang fällt.)

Zweiter Aufzug.

Julian in der Provinz Gallien.

(Großes Arbeitszimmer im Palaste Julians. An den Wänden sind zahlreiche Statuen griechischer Dichter und Philosophen aufgestellt. Tische und Stühle sind mit Bücherrollen und Schriften bedeckt. Julian, anfänglich allein in dem Zimmer, sitzt eine kurze Weile nachdenkend an einem der Tische und springt dann unruhig auf.)

Julian.

Was ist die Wahrheit? Bist du es, o Sonne,
Die gnädig der Erde gibt Licht und Wonne?
Da sieh mich knie'n! Sieh hier den Armen
Und hör' ihn fleh'n um dein Erbarmen!
Die du mir gespendet, die Lust zum Leben,
O laß mich die Schleier des Daseins heben!
Gib deinen Strahlen das Wort, mich zu lehren,
Wen still anbetend die Sterne verehren,
Die droben wandeln in ewiger Ruh'
Und Götter des Lichtes mir scheinen wie du.
Doch ach, da steh' ich gleich einem Blinden
Und suche vergeblich die Wahrheit zu finden,
Daß sie mich erlöse aus meinen Nöthen,
Bevor mich die Qualen des Suchens tödten:
Daß frei sie mich mache von allen Zweifeln,
Die mich umschlingen, gleich Schlangen und Teufeln.
O Wahrheit, Wahrheit! Errette mich Kranken,
Daß mich nicht erdrücke die Last der Gedanken.
Du Nichterschaffne, die Himmeln und Erden
Aus ihrem Schoße gebot, zu werden;

Du Lichtgeborne, o komm, erscheine,
Nach der ich schmachte, um die ich weine,
Daß du mir lösest die dunkle Frage,
Wozu ich die Fesseln des Daseins trage;
Für wen ich ringe, wohin ich steure,
Weshalb ich selbst mich zu Thaten anfeure,
Statt mühlos zu pflücken des Lebens Rosen
Und gleich den andern mit Weibern zu kosen.
Wohl Tausende thaten dieselbe Frage,
Die schon Pilatus, nach dunkler Sage,
Den elenden König der Juden frug,
Bevor der Henker ans Kreuz ihn schlug.
Doch, alle, sie alle harren vergebens
Und keinem erhellt sich die Nacht des Lebens. — —
Was ist die Wahrheit? Der Nazarener,
Der Gott sich nannte und Gottes Versöhner?
Ein Gott, der, wenn ihn der Jude schlug,
Die Schmach und Schande feigherzig trug
Und wehrlos am Kreuz sich ließ ermorden,
Statt zu vernichten die Mörderhorden?
O nein, Ihr predigt dem Cäsar vergebens,
So feige Geduld als die Krone des Lebens. — —
Ist's Wahrheit, was mir der schlaue Kaiser
Zu glauben gebeut, als Kluger und Weiser?
Er, der die Märchen der Mönche hütet,
Den Mord verdammt und Dolche mietet
Für mich, der zu ihm als Nächster ich stehe?
Das Blutmeer, das um den Thron ich sehe,
Mir scheint es zu rufen: O Kaiser, du lügst!
Doch wie du selber die Welt betrügst,
So zahl' ich mit Lug die Lüge dir.
Noch heuchl' ich — Ihr Götter, vergebt es mir! —
Zu glauben dem Kläffer im heiligen Amt,
Der heute laut den Arius verdammt
Und morgen, wenn es der Kaiser begehrt,
Den gestern Verdammten als göttlich verehrt.
Ja, hör' es, Constantius, Sündenknecht!
Einst sollst du mir büßen nach deinem Recht!

Das schwör ich beim Blute all meiner Verwandten,
Die sterbend dich ihren Mörder nannten.
Ich schwör es bei meines Bruders Blut,
Den du geschlachtet in blinder Wuth.
Ihr Mächte der Hölle, o steht mir bei,
Daß bald ich Richter und Rächer sei! — —
Was ist die Wahrheit? Wem hat ihr Bild,
Das sternenmilde, sich hold enthüllt?
Hast du es geschaut, o Mutter, du todte,
Als dich mir entführte des Jenseits Bote?
Dann komm, aus deinem Grabe gestiegen,
Auch mir zu scheiden Licht und Lügen.
Ist Wahrheit vielleicht dein Kreuzlein da,
Auf das dein brechendes Auge sah?
Nur dir hat's verkündet, was mir es verschweigt;
Nur dir hat's die Wonnen des Jenseits gezeigt,
Die mir der Zweifel versenkt ins Nichts.
Doch war's nicht allein dir die Quelle des Lichts;
Du sahst auch, ihm glaubend, die höllische Meute,
Die dir die Freuden der Erde bedräute.
So machte das Kreuz dir das Leben schwer,
Und wenn ich's zerbreche, narrt keinen es mehr.

(Julian versucht, das kleine Kreuz, das er in den Händen hält,
zu zerbrechen, der Versuch aber mißlingt und das Kreuz bleibt
unversehrt.)

Was, elende Hölzer, ihr weichet nicht
Der Kraft meiner Hand, die selbst Schwerter zerbricht?
Seid ihr so verzaubert, so trotz' ich erst recht,
Bis, wie ich es wollte, ihr doch noch zerbrecht.
Wer sind mir, o Kreuzlein, deine Propheten,
Wenn solchen Zauber sie haben vonnöthen?
Wer hat denn in Nazareths dumpfigen Gassen
Den Urgrund der Dinge je können erfassen?
Wo sollten judäische Wüstensöhne
Erschauen im Geiste das Ewig=Schöne?
Was weiß von ihm der arme Bedrückte,
Der Netze geflochten und Netze flickte?

Was der, der elend am Pflug sich quälte
Und der am Webstuhl die Fäden zählte?
O Heil'ger von Samos,*) ich muß erröthen,
Wenn doch dich meistern all diese Blöden.
Und that auch ich es, vergib mir die Schuld
Und lehre mich wieder in Lieb' und Geduld.
Auch du, o Plato! vergib, verzeih,
Wenn noch ich frage, was Wahrheit sei;
Wenn träumend ich wache und wachend träume
Und, sie zu finden bei dir, noch säume.
Laßt, Vater Homer und Orpheus, wieder
Die Götter mir nah'n im Klange der Lieder;
Der Lieder, die einst sind von euch erklungen,
Als hätten die Himmlischen selbst sie gesungen.
Laßt euern Göttern mich wieder dienen
Gleich allen, denen sie einst sind erschienen.
Laßt mich den Ew'gen im Glauben nah'n
Der alten Helden, die einst sie sah'n,
Als kühn vor Troja die Speere sie schwangen,
Um sterbend Unsterblichkeit zu erlangen.
Olympier kommt! Nicht im Gewand,
Das schlecht Euch gewoben der Unverstand;
Kommt wieder hernieder in reiner Schöne,
Zu trösten die Weisen der Menschensöhne.
So können dann wir die Völker lehren,
Wie Ihr gebietet, daß Euch sie ehren.
Und bin ich, der Cäsar, dann Herr auf Erden,
So soll Euch Tempel an Tempel werden
Und herrlicher tauchen aus Schutt und Ruinen,
Als jemals zuvor sie die Sterne beschienen.
Apollo und Eros, o kommt noch heute,
Der Menschheit wieder zu bringen die Freude,
Die der Essener — o Seelenqual! —
Den schmachtenden Herzen der Sterblichen stahl.
Und wirst du, ach, Eros! ermüden vom Kosen,
So schlummre wieder im Dufte der Rosen.

---

*) Pythagoras.

Und du, o Venus, entsteige dem Schaume
Der Wogen, die leise mir plätschern im Traume,
Komm, Amathusia! Fülle die Brust
All deiner Getreuen mit Lieb' und mit Lust!

(Die Krotenlore erscheint als Venus, indem sich ihr eine der Seiten-
wände geräuschlos öffnet.)

Venus.

Und Eros, der Schläfer im Glanze der Sonne,
Erwach' er wieder zu neuer Wonne.

Julian.

Wer bist du, die durch Gittern und Mauern
Unheimlich dringt, mich hier zu belauern?

Venus.

Berühre meines Kleides Saum
So lind, daß du es fühlest kaum,
Und in dir quillt ein Feuerbronnen,
Unendlich reich an Lust und Wonnen.
Er wogt und wallt, wie vom Ätna her
Die Lava kommt als leuchtendes Meer,
Und läßt dich ohne ein Wort erkennen,
Wie mich die Götter und Menschen nennen.

Julian.

Ich ahne, ich ahne, du Lichtgestalt,
Vielleicht dein Wesen, vielleicht deine Gewalt;
Und bist du sie, die in meine Qual
Mir senkt des beglückenden Lichtes Strahl,
Dann will ich, wo immer gebeut mein Schwert,
Daß dich die Menschheit anbetend ehrt.
Nur laß mich frei, mich selber frei,
Daß meines Wollens Gebieter ich sei
Und nicht, in ihrer Pflicht verloren,
Dem Werke, für das ich mich weiß geboren,
Treulos mir mache das Herz und den Sinn
Die Männerkraft-Vertilgerin.

Venus.

Verweg'ner! Ich laß dich die Unsterbliche sehen
Und dafür wagst du ihr Walten zu schmähen?

Julian.

Verzeih'! Noch regt sich der Zweifel in mir;
Verscheuch' ihn und ich gehorche dir.
Beweise mir, daß du die Göttin bist
Und nicht, was ich sehe, nur Trugbild ist.
Zerbrich dies Kreuz und hier im Staube
Will ich dir schwören, o Göttin, ich glaube.

Venus.

Zerbrechen dies Kreuz? Hinweg! Hinweg!

Julian.

Ei! Wäre solch hölzernes Ding dir ein Schreck?
Zerbrich es, oder du bist nur Schein.

Venus.

Verlange was immer; nur dies, nein, nein!

Julian.

(Auf Venus, die bebend zurückweicht, mit dem Kreuze ein-
dringend.)

Zerbrich's!

(Die Wand öffnet sich wieder und Venus entflieht.)

Ha, ha! Sie kann es nicht!

(Ihr das Kreuz nachschleudernd.)   .

Da nimm es mitfort, du falsches Gesicht!

(Es entsteht plötzliches Dunkel mit Blitz und Donner. Die Scenerie
hat sich dabei vollständig geändert. Julian sieht sich in einer
wüsten Gegend, die von Wald und Felsen umgeben ist. Auf dem
höchsten Felsen steht Lucifer als Zeus, und Julian sinkt er-
schrocken in die Knie.)

Lucifer-Zeus.

Du blöder Thor, den der Zweifel verleitet,
Daß nicht er Götter und Fatum scheidet.

Weil eine der Ew'gen dir schwach geschienen,
Verweigerst du's blöde, den Ew'gen zu dienen.
Von Schwächen frei ist nur das große
Und reine Fatum, das körperlose,
Das zwischen sich und die wechselnde Welt
Die menschlich fühlenden Götter gestellt,
Dass Führer und Freunde sie denen seien,
Die ihrem Dienste sich würdig weihen.
Wohlan denn, Cäsar! Das Schicksal fragt!
Du hast dem Kreuze zu grollen gewagt,
Doch all dein Groll ist nur halbe That,
Wenn rathlos du stehst auf dem halben Pfad.
Willst zwischen dem Kreuz und den Göttern du richten,
So mußt du selber das Kreuz vernichten.
Du bist es, den sich das Fatum erkoren;
Doch besser wärest du niemals geboren,
Wenn jetzt sich unter des Schicksals Bürde
Dein Geist als Schwächling erweisen würde.
Der Ruhm ist's, der die Kraft dir stähle;
Und dass sein Zauber dir nimmer fehle,
Schlag' die Germanen! Ich helfe dir siegen.
Dann lass als Kaiser die Adler fliegen
Und gib den helfenden Göttern die Ehre,
Dass wieder der Opferduft der Altäre
Im Sonnenglanz zum Olympos steigt
Und alles Geplärr der Mönche schweigt.
Glaubst Du an Zeus? Julianus, sprich!

Julian.
(Auf den Knien.)

O, Vater Zeus, ich glaub' an dich.

Zeus.

Und willst du begründen mit deinem Schwerte
Bis hin zu den letzten Schranken der Erde
Dein und der Olympier ewiges Reich?

Julian.

Ich will! Ihr Götter, ich schwör es Euch.

(Es wird wieder Nacht mit Blitz und Donner. Gleichzeitige Ver=
wandlung der Scene. Julian befindet sich wieder in seinem Pa=
laste, wie vor dem Erscheinen des Zeus, liegt aber besinnungslos
auf dem Boden.)

Julian.

(Sich langsam erhebend.)

Das war kein Traum. Das ist — ich weiß —
Befehl und Verheißung vom ewigen Zeus.
Germanen hört's! Ich werd' Euch schlagen
Und nach Byzanz den Lorbeer tragen.
Du Mörder am Thron, ich werde dich richten
Und so, wie dich selbst, die Kreuze vernichten.
Olympier Zeus, o mache die Erde
Erzittern vor mir und meinem Schwerte.
Die ewigen Sterne, sie seien dein!
Das Rund der Erde sei mein, sei mein!

(Der Vorhang fällt.)

Dritter Aufzug.

Julians Empörung und des Kaisers Constantius II. Tod.

(Arbeitszimmer im Palaste des Cäsars Julian. Asafel als Jam=
blichus sitzt unbeschäftigt und träge an einem Schreibtische. Nach=
her erscheint Maximus, früher Julians Erzieher, jetzt sein Ver=
trauter, mit Artisius und Gabio, die mit Jamblichus und
Maximus, während Julian auf dem Feldzuge gegen die Germanen
abwesend ist, den Regentschaftsrath in Gallien bilden.)

Jamblichus.
(Noch allein.)

Mein Kunststück zu machen, indem ich als Fleder=
maus fliege, brauche ich schon lange nicht mehr, und
doch folgt mir mein Herzensjunge wie ein wohl dressierter
Mops. Inzwischen eilt er im Germanenlande glorreich von
Sieg zu Sieg. In wenigen Wochen oder Tagen hat sich
dieser Cäsar vom Bücherwurm zu einem tapferen und auf
alle Waffen bestens eingeübten Soldaten entwickelt und
von dem tapferen Soldaten in den genialen Feldherrn
umgewandelt. Er unterzieht sich allen Mühsalen des ge=
meinen Mannes; er lebt und kämpft wie ein gewöhn=
licher Legionär und ist ausdauernder als alle. Er nennt
jeden Soldaten wie Cajus Julius Cäsar bei seinem
Namen, und alles das begeistert sie, mit ihm vorzu=
stürmen zum Niederschmettern der Feinde. So brauchen
wir es; so reift er zum Helden heran, dem die Aus=
führung all unserer Pläne ein Kinderspiel sein wird.

(Die Rathscollegen Maximus, Artisius und Gabio treten ein.)

Willkommen, Maximus! Dein Schüler macht dir
Ehre. Willkommen, Artisius und Gabio! Ich habe köst=
liche Botschaft für Euch. Wahres Zuckerwerk für meine
Kinder. Cäsar Julianus hat schon zweimal die Germanen
in offener Feldschlacht besiegt und holt jetzt aus zu
einem dritten und letzten Schlage. Ja, der Schlag ist
in diesem Augenblicke vielleicht schon gefallen, Gallien
auf hundert Jahre vor allem freundnachbarlichen Diebs=
volke gesichert und Julian, der Vollbringer dieser Thaten,
wird verehrt werden wie ein Gott. Das macht alle
weiteren Schritte leicht, und ich habe nur noch die eine
Sorge, daß es ein schweres und vielleicht unmögliches
Stück Arbeit sein wird, ihn aus seinem Humanitäts=
dusel herauszubringen. Er will das Christenthum ver=
nichten, ihm aber dabei nicht wehe thun, und insbesonders
soll dabei kein Blut fließen. Gebt ihm den besten Rath;
wenn er ein wenig auf Hängen oder Köpfen hinaus=
läuft, so steht Julian wie ein störriger Gaul, der nicht
springen will, vor dem Graben.

Maximus.

Weil er sich sagt, daß alle Schrecken der Christen=
verfolgungen, in denen sich Nero, Decius und Diocletian
gefallen haben, das Christenthum nur immer mächtiger
gemacht haben. Wer das Nazarenerthum vernichten will,
der muß, wie unser Freund sagt, die Christen moralisch
corrumpieren. Das wirkt mit viel größerer Sicherheit
als Feuer und Schwert.

Jamblichus.

Aber leider so langsam, daß am Ende noch viel
schneller die schon in allen Fugen krachende römische
Weltherrschaft zugrunde geht.

Artisius.

Vergeßt nicht, Ihr Herren, daß ich Christ bin.

Jamblichus.

Und daß der ruhm= und ehrsüchtige Brüllaffe Arius
dein Heiliger ist.

Maximus.

Auch sollst du getrost Christ bleiben dürfen bis an
dein Ende. Jedem Narren seine Kappe! Das heißt für
dich: Es soll jeder Christ bleiben dürfen, wer will und
wie lange er will. Wir machen die alte Götterlehre
wieder zur Staatsreligion, bestimmen aber daneben, daß
jede andere Religion freie Privatsache ist und daß sich
der Staat nur einzumengen hat, wenn ein sogenannter
Ketzer um seiner Ketzerei willen von den sogenannten
Rechtgläubigen verfolgt und geschädigt wird.

Gabio.

Was schabt Ihr da schon Rüben, bevor sie auch
nur aufgegangen sind? Wir haben hier Dinge zu be=
rathen, welche wichtiger und dringender sind.

Jamblichus.

Bravo, Gabio! So hört und staunt. Auf die erste
Kunde vom ersten Siege Julians kommt aus Constan=
tinopel der Befehl des Kaisers Constantius, den schon die
Eifersucht plagt, daß Julian sofort all seine Legionen
in die Reichshauptstadt entsende, weil sie dort zum Kriege
gegen die Perser gebraucht würden.

Gabio.

Was? Ist der Kaiser toll geworden? Soll Gallien
den Germanen schon wieder zu Raub und Plünderung
überlassen werden? Ein solcher Befehl darf nicht aus=
geführt werden.

Artisius.

Darf nicht? Die Weigerung wäre Hochverrath, und
ich protestiere dagegen, daß hier Äußerungen laut werden,
die geradezu todeswürdig sind.

Gabio.

Wer wagt es, mir zu verbieten, daß ich hier frei
meine Meinung äußere? Wir sitzen da im Staatsrathe
für Gallien und nicht in dem für das Reich. Die Byzan=
tiner, die uns zu dem Kriege mit den Germanen auch
nicht einen Mann geschickt haben, sollen sich selber helfen.

Jamblichus.

Nur nicht so heißblütig, meine Herren! und nicht
so auffahren. Auch sind nicht wir es, die zu entscheiden
haben, sondern Julian, dem ich drum auch sogleich
Meldung gemacht habe. Für uns handelt es sich jetzt
nur um die Frage, ob wir Vorbereitungen für den Fall
treffen sollen, daß Julian dem Befehle entspricht. Ich
sage Euch aber, diese Vorbereitungen könnten auch noch
aus ganz anderen Gründen nothwendig werden, z. B.
wenn Constantius jetzt stürbe — und die Söhne Constantins
des Großen pflegen ja alle sehr plötzlich zu sterben.
Mir ist's, als wäre Constantius schon gezeichnet, wie
die Böcke einer Herde, die geschlachtet werden sollen.
Julian aber ist jedenfalls der Erbe des Reiches. Der
Erbschaft jedoch werden wir durch unsere Legionen ganz
gewiß etwas nachhelfen müssen. Was nun dich betrifft,
Artisius, so habe ich dir noch etwas ganz besonderes
mitzutheilen. Du kennst einen gewissen jemand, der eine
schöne Tochter hat. Du weißt auch, daß diese Tochter
zwar nicht vermählt ist, aber doch zwei Kinder hat. Du
weißt des weiteren ganz genau, d. h. soweit da von Ge=
nauigkeit die Rede sein kann, welch hoher Herr der
Vater dieser Kinder ist, obschon, wie du meinst, dessen
durchlauchtige Ehefrau noch lebt. Aber du meinst falsch,
mein Freund! Die Ehefrau des gewissen jemand ist
seit vierzehn Tagen todt. Sie starb ganz so plötzlich,
wie zweifellos auch ihr Bruder Constantius sterben wird,
und da der Vater der bewußten zwei Kinder kein ge=
ringerer als unser Julian ist, so könnte die Tochter des
gewissen jemand —

Gabio

(lachend).

— der mit dem ersten Buchstaben Artisius heißt —

Jamblichus.

— wenn dieser jemand so klug ist, unsere Kreise nicht
zu stören, ganz in der Kürze zu Constantinopel als
Kaiserin thronen.

Artisius.

Was dann allerdings nur recht und billig wäre.

Maximus.

Also zur Sache! Sobald die Legionen aus dem
Kriege mit den Germanen zurückgekehrt sind, werden sie
den Julian zum Imperator des Reiches ausrufen.

Artisius.

Das wäre Bürgerkrieg. Kann Julian den wollen
und zugeben?

Gabio.

Willst du sein Schwiegervater werden oder nicht?

Maximus.

Julian ist eitel wie ein Pfau und soll sich
weigern können?

Jamblichus.

Eitel wie ein Pfau und mit uns einverstanden.
Die Legionen sind auch schon in unserem Sinne bearbeitet
und thun lustig mit. Zum Bürgerkriege kann's aber dabei
doch nur dann kommen, wenn Constantius länger lebt,
als ich für wahrscheinlich halte. Jetzt aber thut vor
allem das eine noth, nachdrücklich dahin zu wirken, daß
sich auch alles Volk für einverstanden mit Julians
Erhöhung erklärt. Zu diesem Zwecke setzen wir eine Anzahl alter Weiber an die Kreuzwege und lassen sie, wie
aus göttlicher Eingebung, schreien: „Julianus Augustus,

sei gegrüßt! Sei gegrüßt, Julianus Imperator!" Und nun,
Gabio, wie weit bist du mit der Dressur deines Raben?

Gabio.

Auch der schreit prächtig: „Julianus Imperator!"
und „Julianus Augustus!" Ich lasse drum jetzt auch
schon die Nachricht verbreiten, der schwarze Krächzer sei
mir aus Germanien zugeflogen und komme direct aus
einem heiligen Haine Odins.

Jamblichus.

Vortrefflich! Und möge er nur recht laut schreien.

Julianus.
(Noch gerüstet und unmittelbar vom Marsche kommend.)

Erschreckt nicht, wenn so plötzlich ich erscheine.
Gruß Euch, Ihr Freunde! Seht, da bin ich schon
Als meines dritten Sieges eigner Bote,
Heimführend meine kampfgewohnten Helden.
Die Feinde sind geschlagen, sind bewältigt.
Sie schworen Frieden uns und stellten Geißeln.
Doch schöner als die Frucht des Kampfes war
Das Kämpfen selbst. Auch ich darf schreiben jetzt
Auf eh'rne Säulen, dass ich kam und siegte,
Ja, dass ich schneller noch als Cajus Julius
Und glänzender gesiegt als dieser Große,
So dass ich stolz mich wie Odysseus rühme:
Bis zum Olympos steigt mein junger Ruhm.
Den Göttern dank! Nun aber, Freunde, zeigt
Den Schmachbefehl mir, meine Legionen
Dem Kaiser heimzusenden für die Perser.
Nur du, Artisius, eile jetzt und melde
In deinem Hause, was du sah'st und hörtest.

(Artisius ab.)

Jamblichus.

Da lies!

Julian.

Und soll ich das mir lassen bieten?

Maximus.

Du sollst und darfst nicht!

Julian.

Nun, so sorgt dafür,
Dafs, was ich thue, nur als Zwang erscheint.
Noch mufs den Schein ich des Gehorsams wahren.

(Jovian, Julians Unterfeldherr, tritt auf.)

Jovian.

Verzeiht, Ihr Herr'n! Was ist an dem Gerede
Vom neuen Marschbefehle, der das Heer
In Wuth versetzt und Meuterei erzeugt?

Julian.

Da lies!

Jovian.

(Kopfschüttelnd.)

Und was ist, Cäsar, dein Entschlufs?

Julian.

Zu thun, was meine Pflicht ist: ich gehorche.

Jovian.

So segne Gott für deine Treue dich!
Denn nichts ist schimpflicher als Hochverrath.
Ich eil' ins Lager, meines Amts zu walten.

Julian.

(Zu Gabio und Maximus.)

Ihm nach! Ihm nach, bevor es ihm gelingt,
Abwiegelnd, was wir klug geplant, zu kreuzen.

Und nun, Freund Jamblichus, wie steh'n die Dinge
Am Kaiserhofe zu Byzanz?

Jamblichus.

Dort werden
Die Todtengräber ihre Arbeit finden.
In deinem Dienste steht Freund Thanatos,
Der mächtigste von allen Erdengöttern.
Constantius der Zweite stirbt noch heute.

Julian.

Die Götter segnen dich. Doch horch', was will
Verworrner Stimmen lauter Lärm da draußen?

Jamblichus.

Des Heeres Abgesandte nah'n in Eile
Mit Gabio und Maximus. Und sieh!
Artisius keuchet hinterdrein, um auch
Dabei zu sein, wo man um Kronen spielt.

(Abgesandte des Heeres kommen mit Maximus und Gabio, denen
sich Artisius anschließt. Gabio entfernt sich aber sehr bald wieder,
nachdem er leise ein paar Worte mit Jamblichus gewechselt hat.)

Julian.
Was will der Lärm? Naht so man sich dem Cäsar?

Viele Stimmen zugleich.

Dem Cäsar Heil! Dem Cäsar Imperator,
Von dem uns fremde Tücke trennen möchte.

Andere Stimmen.
Wir aber leiden's nicht. Wir protestieren.

Wieder andere Stimmen.
Und künd'gen laut dem Kaiser den Gehorsam.

Einer der Abgesandten.
(Zu Julian.)

Der Kaiser bist jetzt du, nur einzig du.
Das ganze Heer erkor dich zum Augustus.

Julian.

Was thatet Ihr? Ihr seid von Sinnen, Freunde!

Ein Abgesandter.

Wir thaten kalten Blutes, was wir thaten.
Wir haben abgestimmt von Zelt zu Zelt,
Und alle Legionen schworen uns,
Im Leben und im Tod nur dein zu sein.

Julian.

Und ich verwerfe, hört es, Euren Eid.

Ein Abgesandter.

Das kannst du nicht! Du kannst und darfst nicht
Verräther sein an deinem eignen Heere,
Das hier gesprochen hat im Namen Roms.
Was geht Byzanz uns an, das Mördernest?

Julian.

Verräther werden? Ich an Euch? Wenn je
So tief ich sänke — tödtet mich zuvor!
Doch meine Pflicht — ist es unmöglich denn
Sie zu erfüllen Euch und auch dem Kaiser?

Ein Abgesandter.

Sag': uns und dir, so siehst du, daß es möglich.

Ein anderer Abgesandter.

Kurzum, wir zwingen dich, wenn noch du zögerst.

Julian.

Ihr Götter, gebt ein Zeichen, was ich soll.

(Gabio kommt mit seinem Raben, der „Hoch Julianus Imperator!"
krächzt. Lauter Jubel der Legionäre.)

Julian.

Die Götter wollen's und ich beuge mich.
Zu meinem Vetter, den mein tapfres Heer
Entsetzt des Thrones, eil', Artisius,
Ihm zu vermelden, was du hier geseh'n,
Vermeld' es treu und grüße mir den Vetter,
Dem ich ein kindlich Herz bewahren werde.

(Die Legionäre ziehen jubelnd ab; auch Artisius entfernt sich, begleitet
von Maximus, während Jovian eintritt.)

Jovian.

Ich bitt' um meinen Abschied, hoher Herr!

Julian.

Wie, Jovian, dem Vaterlande kündigst
Den Dienst du heute, vor dem Perserkriege?

Jovian.

Versteh ich recht? Du willst, o Herr, nun doch — ?

Julian.

Ich steh im Dienste meines Vaterlandes,
In keinem andern sonst, genau wie du.
Ich aber bin sein jüng'rer Diener nur;
Du bist der ält're und der altbewährte.
Was sonst ich bin, das möge gleich dir gelten.
Steh zu dem Vaterlande; nicht zu mir.
Leih deinen Arm mir für den Perserkrieg
Und denke, Freund, ich bliebe, wer ich war.

Maximus
(eintretend).

Der Bote, den du nach Byzanz entsandtest —

(Eine Anzahl Legionäre dringt bestürzt in das Zimmer.)

Einer der Legionäre.

Ein Unglück, Herr, ein großes und ein schweres!

Maximus.

Er ward im selben Augenblicke, da er
Sein bäumend Roß bestieg, herabgeschleudert
Und blieb, ein Todter, stumm im Grase liegen.

Julian.

Ein neues Zeichen senden mir die Götter.
Sie haben mir's in Gnaden längst verkündet:
„Der Kaiser stirbt zugleich mit deinem Boten."
Artisius starb, Constantius ist todt,
Und ohne Bürgerkrieg ist mein sein Thron.
Drum jetzt hinaus, mich meinem Volk zu zeigen,
Dann nach Byzanz zu meines Werkes Krönung.
Der Mensch vollbringt nur, was die Götter wollen.

(Der Vorhang fällt.)

Vierter Aufzug.

Julian auf dem Marsche durch Hellas.

(Griechische Landschaft. Im Vordergrunde das große, offene Zelt
Julians. Andere kleine Zelte im Hintergrunde. — In dem Zelte
Julians sind die Sclaven Stulpio und Gaius damit beschäftigt,
einen Tisch und mehrere Stühle aufzustellen.)

Stulpio.

Sage mir, was du willst; entweder ist die Welt
aus dem Häuschen, oder ich bin's.

Gaius.

Wahrscheinlich seid Ihr's beide. Aber was kommt
dir denn eigentlich so toll vor?

Stulpio.

Vor drei oder vier Wochen, als wir aus Gallien
aufbrachen und man, obgleich es Julian behauptete,
noch nicht gewiß wußte, daß Constantins todt sei, hieß
es, wir seien von seinen Reisigen umzingelt und würden
gewiß in Kochriemen zerhauen. Zerhauen sind wir nicht,
haben auch keinen anderen zerhauen, marschieren nur
lustig ins Land hinein: man schickt uns Deputationen
entgegen und baut uns Triumphbögen. Und was steckt
eigentlich dahinter? Eine Komödie des Aristophanes
Jamblichus mit dem schönen Titel: „Wie wird man
Kaiser?"

Gaius.

Dem Verdienste seine Krone! Und darum vergiß auch den Souffleur Maximus nicht. Der Erfolg des Stückes ist aber doch mehr als allen anderen dem Schauspieler zu danken, der mit so großer Meisterschaft die Hauptrolle spielt.

Stulpio.

Still du! Denn den Spieler der Hauptrolle einen Komödianten zu nennen, wäre ein Staatsverbrechen.

Gaius.

Was aber haben wir davon? Wäre es nicht gescheiter, wenn ich Julian hieße und du mein Philosoph Maximus wärest?

Stulpio.

Wenn ich dein Philosoph wäre, so würde ich dir, obschon bis jetzt alles komödienhaft lustig aussieht, den philosophischen Rath geben: Man soll den Tag nicht vor dem Abend loben.

Gaius.

Diesen Rath würde ich mir schon selbst geben, um, ehe es Abend wird, einigen römischen oder constantinopolitanischen Geldprotzen ihre Millionen wegzunehmen und dann so schnell als möglich zu verduften.

Stulpio.

Und mich, deinen Philosophen, ließest du leer hier sitzen bleiben? O, du Gauch!

Gaius.

Sei unbesorgt. Ich weiß gute Kameradschaft zu schätzen und gäbe dir mehr als genug.

Stulpio.

Du Goldmensch! Da thut mir's in der Seele wehe, daß ich Julian, unseren neuen Kaiser, aus seiner Haut nicht heraus hauen kann, um dich hineinzuhauen.

Gaius.

Grob genug dazu wärst du schon. Aber sage mir doch, was würdest du mit meinem Geschenke anfangen?

Stulpio.

Ich würde mir eine Meute bissiger Hunde anschaffen, um sie auf alle diejenigen zu hetzen, die mich bisher geschunden und getreten haben.

Gaius.

Mit Verlaub, Freund! Ich thät' was Gescheiteres. Was ich mir anschaffte, das wäre für jede Nacht eine neue —

Stulpio.

Willst du gleich dein Maul halten? Warte mit deinen Unflat wenigstens noch so lange, bis dich der Kaiser zum Oberpriester der Venus macht. He! Meinst du nicht auch, das wäre so was?

Gaius.

Jedenfalls würde ich nicht nöthig haben, mich erst, wie der Kaiser, in mein Priesteramt vor dem Spiegel einzustudieren. Aber das muß man ihm lassen: Er macht Fortschritte. Die Geberden eines Ochsenschlächters macht er schon mit großer Eleganz und erst gar, wenn er in den Eingeweiden wühlt. Gestern hat er sich auch förmlich auf das Anblasen des Opferfeuers eingeübt. Ich sage dir, es wurde mir bange um ihn. Ich fürchtete, daß seine Backen zerplatzen möchten.

Stulpio.

Und die armen Viecher, wenn er erst wirklich als Pontifex Maximus zu schlachten anfängt! Ich sage dir, das Ochsenfleisch wird im römischen Reiche sehr theuer werden.

Gaius.

Ich habe noch ganz andere Sorgen. Wenn in seinen struppigen Bart beim Feueranblasen ein zündender Funke

fährt, so muß die krabbelnde Bevölkerung, die drin haust,
doch gar zu elend verbrennen.

Stulpio.

Kerl, du bist köstlich heut. Der Komödiant mit den
Läusen im — —

(Jamblichus tritt mit Maximus und Gabio ins Zelt.)

Jamblichus.

(Dem Stulpio ins Wort fallend.)

Hinaus da, Sclavenvieh!

(Beide Sclaven gehen eiligst ab.)

Jamblichus.

(Zu Maximus und Gabio.)

Ich hab' Euch herbestellt, damit Ihr höret und seht,
wie jetzt hier in der Nähe des Kaiserzeltes mit der Ver=
kündigung der neuen Reichsgesetze begonnen wird.

(Trompetenstoß.)

Hört Ihr's? Da kommt schon der Herold.

Herold.

(Außerhalb des Kaiserzeltes.)

Ich, Julianus, des römischen Reichs Augustus Im=
perator und Pontifex Maximus —

Gabio.

Ah! Das ist gut!

Herold

— thun männiglich kund und zu wissen:

Die durch den Glauben der Nazarener aus der
Herrschaft im römischen Reiche tückisch verdrängte Staats=
religion von vordem wird in all ihre früheren Rechte
wieder eingesetzt.

Die Nazarener sollen übrigens um ihres Glaubens
willen nicht verfolgt werden. Ihr Bekenntnis wird still

als Privatsache geduldet, insoferne sie sich allen Gesetzen des Reichs ohne Widerspruch unterwerfen.

Gabio.

Brav, Herold! Brav!

Herold.

In den Philosophenschulen des Reichs dürfen nur diejenigen Unterricht geben und Unterricht nehmen, die an die Götter und Göttinnen unserer Frommen nach=weisbar glauben und an den Opfern theilnehmen. Griechische oder lateinische Dichter und Philosophen zu erklären, ist den Nazarenern nicht bloß in ihren Schulen, sondern auch in den Privatwohnungen bei Strafe der Verbannung untersagt.

Maximus.

Damit sie in ihrer Unwissenheit und Dummheit der allgemeinen Verachtung verfallen. Das ist Gift!

Herold.

Die wegen Ketzerei aus ihren kirchlichen Ämtern vertriebenen Bischöfe und Presbyter der Christen werden in ihre Ämter wieder eingesetzt und vom Staate darin geschützt.

Gabio.

Ah! auch das ist Gift; sogar Doppelgift!

Jamblichus.

So viel für jetzt, denn man darf nicht alle seine Pfeile auf einmal verschießen. Und nun, Ihr beiden, hört einen Befehl des Kaisers für Euch. Ihr sollt Euch sofort rüsten zur Reise nach Alexandrien und spätestens morgen nach dort abgehen. Euer Amt ist's, den Bischof Athanasius, den die römisch gesinnten Nazarener den Vater der Rechtgläubigkeit nennen, nebst all seinem An=hang in die Verbannung zu treiben, wie es zuvor ihm selbst schon zweimal geschehen ist. Hie und da aber

könnt Ihr zur Abwechselung auch einen arianischen
Bischof oder Presbyter verjagen und einen ungefährlichen
Römling an seinen Platz setzen. Das vermehrt die Ver=
wirrung unter den Nazarenern. Entstehen Aufläufe dar=
aus, ja selbst wenn es hie und da ein paar Todte setzt,
so macht Euch nichts daraus; ich will das bei dem
Kaiser trotz seiner Furcht vor dem Christenblut schon
verantworten, indem ich es auf mich nehme. — Nun
geht und macht Euch fertig zur Reise. Achtet aber auch
auf das, was vor Eurem Abgang noch kommen mag,
um Euch ein Exempel dran zu nehmen. Nun fort! fort!
Macht, daß Ihr in Alexandrien so schnell als möglich
fertig werdet. Dann auf Wiedersehen in Constantinopel!

(Maximus und Gabio verlassen das Zelt, indem sie Jamblichus
hinausdrängt.)

Jamblichus.
(Aus dem Zelte ins Freie tretend.)

Wie taumelt so langsam der müde Tag dahin!
O daß er versunken schon läg' im Meer der Zeit
Und mir die Willkomm'ne käme, die schwarze Nacht!
Doch sieh, da blinket ja schon der erste Stern,
Und unter ihm steigen die schwarzen Wolken auf,
So wie ich sie brauche zu meiner schwarzen That,
Daß wieder auf Augenblicke ich sei mein Selbst
Und Asael vergesse den Jamblichus.
Du finstres Gewölk, was säumst du länger noch?
Verhülle mir ganz des Himmels letzten Glanz,
Und bringe sie her zu mir, die Heißersehnte,
Die Freundin der Räuber, der Mörder und Asaels!
Da kommt sie! Da naht sie! Umarm', o Nacht, den
                                                Freund,
Der deiner geharret in langer Sehnsuchtsqual!
Nun aber, Ihr Brüder! Ihr Geister des Höllenreichs,
Ihr schrecklichen, hört mich und kommet jetzt auch Ihr.
Zeigt Ihr jetzt dem Kaiser, wohin er soll und muß,
Reißt fort den Zögernden zu dem, was einzig hilft.
Durchraset da drunten des Städtchens dumpfe Gassen!

Ruft: Nieder die Christenhunde! Nieder! Nieder!
Werft Feuerbrände in ihre Gotteshäuser!
Werft Pech und Schwefel in ihre Wohnungen
Und lasset die Heiden, die Eurem Beispiel folgen,
Dann wüthend vollenden, was Ihr kühn beginnt.

(Nachdem Jamblichus einige Augenblicke gelauscht hat.)

Ihr seid schon an der Arbeit: Brav, Gesellen!

(Aus dem Thale herauf dringt wilder Lärm. Man hört aus der
Ferne den wiederholten Ruf: Nieder mit den Christen! Die
Wolken fangen an, roth zu leuchten vom Widerschein der Feuers=
brunst. Inmitten des Lärms hört man auch schmerzliches Weh=
geschrei der aus der Stadt vertriebenen Christen.)

Jamblichus.

(Unter lautem Hohngelächter.)

So hab' ich mich gefunden bei mir selbst.
Das ist dein Werk, du alter Asasel!
Der Teufel freut sich seiner Höllenlaune.

(Der Vorhang fällt.)

Fünfter Aufzug.

Julian in Constantinopel.

(Man sieht auf der Bühne das Forum von Constantinopel, ange-
füllt von Rechtsgelehrten und zahlreichem Volke. Auf erhöhtem
Platze sitzt Kaiser Julian, im Rechtsprechen begriffen. In seiner
Nähe ein Gerichtsschreiber, und dicht hinter ihm steht Maximus.)

Julian.
(Zu zwei Bürgern.)

Ihr hörtet, Bürger, meinen Spruch; nun geht!
Denn was dem Kaiser wohlgefällt, ist Recht;
Das ist des Reiches eh'rnes Grundgesetz.
An dem zu rütteln, wäre Staatsverbrechen.
Doch wollt Ihr guten Rath von mir, so opfert
Den Göttern, und erlassen sei die Strafe.

(Während sich die beiden Bürger unmuthig entfernen, tritt eine
Anzahl Legionäre auf.)

Erster Legionär.

Erhabner Kaiser, Quelle du des Rechts!
Geschah mit deinem Willen der Betrug,
Den dein Centurio verübt an uns hat?
Wir waren herbefohlen zum Empfang
Der gold'nen Gabe, die du gnädig spendest.
Doch eh' das Gold man gab, befahl man uns,
Weihrauch zu streuen in ein Kohlenbecken;
Und als wir arglos dem Befehl gehorcht,
Scholl in die Ohren uns der freche Hohn:
„So habt Ihr abgeschworen Eurem Glauben.“

Julian.

Ihr nahmt das Gold?

Erster Legionär.

Als ein Geschenk von dir.

Julian.

Euch ist geschehen, was ich streng befahl.
Ihr nahmt das Gold, so tragt die Folgen auch.

Erster Legionär.

Ja, Herr! wir nahmen deine Gnadengabe
Als Zeichen deiner kaiserlichen Huld,
Als Anerkennung unsrer Tapferkeit,
Doch nicht, wie jetzt du willst, als Lohn der Sünde,
Und nicht als schnödes Zeichen unsers Abfalls
Vom Christenglauben, unserm Heiligsten.
Das Gold, das so du gabst, ist falsch und rollt
Verachtet hier, o Herr, zu deinen Füßen.
Bestraf' uns, wenn du willst; wir bleiben Christen.

(Die Legionäre gehen ab.)

Maximus.

Siehst du, mein Kaiser, daß zuletzt wir doch
Zum Henkerbeile werden greifen müssen?

Julian.

(Zu Maximus.)

Davon ein andermal, wenn ich als Sieger
Aus Persien heimgekehrt in neuer Glorie.
Wer mit dem Beil bekehren will, der braucht
Noch mehr der Macht und auch des Glanzes mehr
Als jetzt ich hab' im noch zu neuen Amt.

(Zum Volke.)

Weilt wer noch unter Euch, um Recht zu suchen?

Eulalia.

(Eine junge Christin.)

Ein schwaches Weib, erfleh' ich deinen Schutz.

Julian.

Bedroht dich wer, die du so göttlich schön?

Eulalia.

Die Christin ist's, die deine Hilfe sucht.

Julian.

So mach' es kurz und sage, was du willst.

Eulalia.

Ich bin die Tochter des Jedronius,
Der unter Constantinus rühmlich kämpfte,
Und welchem, als ihn mehr als hundert Wunden
Unfähig machten zu noch weitrem Kampfe,
Ein längst verlassnes Tempelgut der Venus,
Das heimgefallen war dem Herrn des Reiches,
Als Preis der Tapferkeit verliehen ward.
Mein Vater lebte dort, der Kaiserhuld
Und meiner Pflege sich bescheiden freuend,
Er ganz für mich, desgleichen ich für ihn.
O, wie dies Füreinander glücklich macht!
Ich hätte jubelnd für ihn sterben können
Und er für mich. Da rief nur ihn der Tod,
Und ich begrub in einem Kirchlein ihn,
Das ich erbaut der Mutter aller Gnaden.
Da plötzlich drangen unbekannte Männer,
Die Priester sich der Heidengöttin nannten,
Noch viel zu jung, als daß sie je es waren,
Gewaltsam in mein Heim, vertrieben mich
Und brannten die Kapelle höhnisch nieder,
Das Grabmal schändend eines todten Helden.
Dann legten sie in Ketten meine Diener,
Die freigelass'nen, um sie zu verkaufen,
Und aus dem Gelderlös und ander'm Raube
Den Venustempel, der schon Schutt gewesen,
Bevor mein Vater sein Geschenk erhielt,
Aufs neue zu erbauen, und vergebens
War all mein Fleh'n um meine Freigelass'nen,

4

Indem mein Wort man frech als Lüge schalt. —
Nun steh ich hier und forb're Recht von dir.

Julian.

Geh hin und opf're in dem Venustempel,
Und doppelt schenk' ich dir, was du verlorst.

Eulalia.

O, spotte nicht der Christin, die so schwer
Man hat gekränkt in ihrem guten Recht.

Julian.

Du scheinst so klug und glaubst die tollen Märchen,
Die an der Wiege dir die Amme sang?

Eulalia.

Ich glaub' an Jesum Christum, meinen Herrn.

Julian.

Du glaubst! Allein, o Kind, aus welchem Grunde?
Kann eine Jungfrau einen Sohn gebären?

Eulalia.

Niemals, o Herr, als nur durch Gottes Wort.

Julian.

Doch wer dies Kind dir so zum Gott gedichtet,
Er stahl dies Märchen aus der Götterlehre
Der alten Weisen, die Ihr Heiden nennt.

Eulalia.

O Herr, was sag' ich dir? Ich bin ja nicht
Gewohnt des Wortgefechts in solchen Dingen,
Kann nicht sophistisch meine Rede setzen,
Auch mit Gelehrsamkeit des Gegners Gründe

In ihren Schwächen nicht entblößen wollen,
Daß siegreich leuchte, was ich selber denke.
Doch hier im Herzen steht in gold'ner Schrift
Der Name Jesu, der aus Noth und Sünde
Die Menschen löst zu stiller Seelenfreude.
Du bist der Kaiser und du weißt drum auch,
Wie viele Tausende mit Tod und Elend
Die Göttlichkeit bezeugten des Erlösers.
Du bist der Kaiser mit dem off'nen Auge,
Das dich erkennen läßt, in welche Laster
Die Götter des Olymps die Welt einst stürzten,
Indem der Mensch sie schuf als wüst und lüstern,
So zu beschönigen sein eig'nes Lüsten.
Du bist der Kaiser mit dem off'nen Auge
Und mußt erkennen, wie die rechten Christen
Das Unrecht hassen und der Ehrbarkeit
Das eigne Herz als stille Heimat weihn,
Und wie der Reiche, was ihm Gott verleiht,
Mildherzig gibt zur Lind'rung fremder Noth.
Ermiß an dieser Frucht den Wert des Glaubens,
In dem ich hilflos flehe: Sei gerecht!
O daß du fühlen könntest einmal nur
Mit meines Herzens himmlischer Empfindung!
O daß du schauen könntest einmal nur
Mit meinen Augen zu den goldnen Sternen
Und hören könntest, ach, mit meinem Ohr,
Wie sie das Lob des Einen Gottes singen,
Vor dem anbetend sich die Engel beugen.
Warst du nicht auch einst in dem Gotteshause,
Wenn unser Bischof sprach vom rechten Glauben?
Doch ach, ich weiß: Du hast einst schwer gelitten,
Und die dir weh gethan, sie hießen Christen.
Das hat das Herz dir und den Sinn verbittert.
Rachsüchtig zürnst du drum dem Gott der Liebe,
Statt zu vertrau'n in Demuth seiner Güte.
O Herr und Kaiser! Laß mein Herz dich rühren!
Entsag' den Göttern, die der Leidenschaft
Noch Flügel borgen, statt sie streng zu zügeln,

Und Feste wollen der Versunkenheit
Im Pfuhl des Lasters, das die Sonne scheut.

Julian.

Und dir zulieb, die meine Götter lästert,
Die mich beschimpft, soll schnöde Tempelschändung
Am Gotteshaus der Amathusia
Von neuem üben deines Kaisers Huld?
Hinweg, du Freche, der mit Recht sie nahmen,
Was einst der Göttin tückisch ward entzogen.
Denn was den Ew'gen je zueigen ward,
Soll's ewig bleiben, trotz der Zeiten Flucht,
Und weh dem Frevler, der sich dran vergreift,
Und weh der Zeit, die solche Schmach ertrug,
Und weh mir selber, wenn ich als ein Feiger
Noch zagte, zu vollstrecken diesen Fluch!
Hinweg, hinweg! Sonst laß ich peitschen dich
Für Gottesläst'rung!

Eulalia.
                Thue, was du willst.
Ich trag in Gottes Namen, was du mir
Magst Arges thun, und ich verzeih es dir.

Julian.
So peitscht die Freche, wenn sie doch es will!
(Es eilen mehrere Schergen herbei, von denen Eulalia fortgeschleppt
wird.)

Julian.

Du, Schreiber des Gerichtes, hör' und schreibe,
Was diese Nazarenerin mir zeigt
Als unerläßlich, soll mein Werk gelingen.
Wir Julianus, des römischen Weltreiches Augustus
und Imperator, thun männiglich kund und zu wissen
und werden jeden, der dawider handelt, mit ewiger Verbannung, in besonderen Fällen mit dem Tode bestrafen.

Christen, welche sich im Besitze von Tempelgut der
von unseren Frommen verehrten Götter und Göttinnen
befinden, einerlei, in welcher Zeit immer es Tempelgut
gewesen ist, einerlei auch), aus welchem Grunde es ihnen
zu zeitweiligem oder dauerndem Besitze verliehen wurde,
werden hiermit verhalten, selbiges sofort und ohne irgend=
welche Entschädigung der ihnen zunächst wohnenden
Magistratsperson, welche der neueingeführten Staats=
religion zugethan ist, als ehemaliges Tempelgut zurückzu=
erstatten.

Magistrate, denen solches Tempelgut übergeben wird,
haben die Tempel, die sich dort einst befunden haben
und zerstört worden sind, auf Kosten der Christen wieder
aufbauen, und wenn sie nur beschädigt erscheinen, wieder
herstellen zu lassen.

Du, Schreiber des Gerichtes, schreibe weiter,
Was wie ein Blitz mir in die Seele leuchtet,
Zum Zeichen, daß die Götter mir's befehlen,
So Hohn zu sprechen all dem frechen Dünkel,
Den diese Christin ins Gesicht mir warf.

Wir Julianus 2c.

Um das Wort des Nazareners Lügen zu strafen,
daß Jerusalem zerstört werde, um zerstört zu bleiben,
und daß insonderheit vom Tempel Salamonis kein
Stein auf dem andern bleiben soll, befehle ich, daß die
eingestürzten Mauern von Jerusalem wieder aufgerichtet
und der Tempel Salamonis in all seiner Pracht von
ehedem wieder auferbaut werde. Alles das auf Kosten
des Reichs, und hat der Reichsschatzmeister die zur Aus=
führung dieses Befehles erforderlichen Geldbeträge sofort
anzuweisen.

Mit der Ausführung dieses Befehls wird der Senator
Satorinus betraut, der mir von Zeit zu Zeit über den
Fortgang des Baues genau zu berichten hat.

Du, Schreiber des Gerichtes, bist du fertig?
Dann übergib, was du geschrieben hast,
Sogleich dem Maximus, der's ohne Säumen

Den Völkern meines Reichs zu wissen bringe.
Heerschau sei morgen, wenn die Weihrauchwolken
Auf Äthers Flügeln zum Olympos steigen.
Nach Asien trag ich dann die Adler Roms,
Im Perserreich, das neu zur Macht erwuchs,
Kühn zu vollbringen eine Heldenthat,
Die Alexanders Lorbeerkranz entblätt're,
Indem, wo er nur siegte, ich zerschmett're.

(Der Vorhang fällt.)

Sechster Aufzug.

— —

Julian in Persien.

(Die Bühne stellt ein weites, mit Buschwerk und einzelnen Bäumen besetztes, zum Theile auch felsiges Thal vor, das von steilen und unzugänglichen Bergen begrenzt ist. Das Thal hat nur zwei Ein=, beziehungsweise Ausgänge, zwei Schluchten nämlich, von denen sich die eine zwischen den Bergen links, die andere zwischen den Bergen rechts befindet. — Vor der Schlucht auf der linken Seite der Bühne sieht man die beiden Sclaven Stulpio und Gains im Schatten eines Baumes liegen.)

Stulpio.

Du, der Lärm aus der Schlucht da drüben, diese lustige Musik zum Hälsebrechen und Schädeleinschlagen, die vor einer Stunde noch sehr aus der Ferne klang, kommt allmählich näher und wird schwächer, als wenn alles bald aus wäre.

Gains.

Das kommt davon, wenn man so den Feinden, die man, weil sie Perser sind, für Dummköpfe hält, mir nichts dir nichts in die Falle geht. Jovian, der doch auch den Krieg versteht, guckte dem Kaiser, als er dem so ganz vergebens seine Vorstellungen machte, so grimmig ins Gesicht, als wenn er ihn umbringen möchte. Der Kaiser aber schreit zornig: „Die Götter haben mir nun schon dreimal für heute einen glänzenden Sieg versprochen: also vorwärts zum Kampfe!"

Stulpio.

O, diese Götter, die aus dem Gedärm der Opfer-
thiere sprechen, von dem ich nur weiß, daß es entsetzlich stinkt. Ich fürchte, daß wir Hiebe bekommen.

Gaius.

Wir bekommen keine; wir haben sie schon.

Stulpio.

Seit wir in diesem verfluchten Persien sind, geht
überhaupt alles schief. Erst sehen wir wochen-, ja monate-
lang keinen Feind, und nun, da wir ihn endlich gesehen
haben, laufen wir, statt ihn zu uns herüber kommen zu
lassen, hinüber zu ihm, als wenn wir ihm sagen wollten:
Sei so gut und mach' dir drin in deiner Schlucht unser
Niedermetzeln recht bequem. Auch wird er sicher so ge-
fällig sein, da drin rechts und links aus seinen Ver-
stecken herauszubrechen und unsre Wünsche recht fröhlich
zu erfüllen. Weißt du, daß ich eigentlich Lust hätte, so
schnell als möglich durchzubrennen?

Gaius.

Still' doch! Da kommt Jovian mit dem Senator,
der in Jerusalem den Judentempel wieder aufbauen soll
und von dort gar sonderbare Dinge zu berichten hat.
Komm mit, so erzähl ich dir, was ich erlauscht habe.
(Beide Sclaven gehen ab in die linksseitige Schlucht, aus welcher
Jovian, Julians Unterfeldherr, mit dem Senator Satorinus
herausgekommen ist.)

Jovian.
(Zu Satorinus.)

Da sieh dir's an! Es zog das Heer
Den Weg, auf dem du kamst, hieher.
Ich selber brach uns sichre Bahn,
Indem ich achtsam zog voran,
Vor Hinterhalt und sonst'gen Tücken
Zu wahren uns mit scharfen Blicken.

Der Vorhut schloß sich Julian
Mit seinen Prachtlegionen an,
Und stets befahl sein lautes Fluchen,
Den unsichtbaren Feind zu suchen.
Den zu vernichten Odins Rabe
Und Zeus ihm selbst versprochen habe.

Satorinus.

Zeus selber? Ei! besucht ihn der?

Jovian.

Je nun, er glaubt's? Was willst du mehr?
Doch höre nun, was hier geschah
Und uns dem Ende bringt so nah.
Als heut' aus diesem Paß wir zogen,
Stand dort der Feind in weitem Bogen.
Er stand — kein Reiter weit und breit,
Und dennoch kühn zur Schlacht bereit.
Doch sah ich drüben auch die Schlucht,
Gar dienstbar ihm zu sichrer Flucht.
Und besser noch, wenn nach wir drängen,
Uns abzuschlachten in den Engen,
In denen hinter Fels und Hecken
Unsichtbar sie und zahllos stecken.
Drum dacht' ich so: Zum Scheine schieben
Wir so uns vor, als ob wir drüben
Des Feindes Linke wollten stürmen.
Versuchte dann er die zu schirmen,
So wollt' ich schwenken, ihn mit Wucht
Ganz abzudrängen von der Schlucht,
Daß dann dem scharfen Römerschwerte
Der Sieg im offnen Kampfe werde.
Denn Spiel nur wär's, mit hundert Mannen
Die in dem Engpaß festzubannen,
Und dann beim nächsten guten West
Sie auszuräuchern aus dem Nest.
Doch ach! Verzeih mir Gott den Groll!
Rath' einem Narren, was er soll,

Denn er — o hör' es! — will den Magen
Des Opferstiers zuvor befragen,
Daß nochmals Nieren und Kaldaunen
Ins Ohr der Götter Rath ihm raunen.
Dann zeigt er aus den Eingeweiden,
Mir eine Leber mit zwei Häuten,
Ruft laut: „Da sieh mein Siegespfand!"
Und ist wie toll zur Schlacht gerannt,
Mir noch befehlend, hier zu weilen,
Um nicht den Sieg mit ihm zu theilen.
Was sag' ich noch? Die Feinde nahmen
Reißaus, da kaum die Unsren kamen.
Der Kaiser hält für wahr den Schein
Und rast besessen hinterdrein,
Er und sein Heer die sich're Beute
Der in der Schlucht versteckten Meute.
Was, alter Freund, ich seh dich weinen?
Geh und erzähl' daheim den Deinen
Statt von Triumphen, statt von Siegen,
Wie dort zum Fraß die Geier fliegen.

Satorinus.

Nicht alle sind, o Freund, schon todt;
O wag's, zu enden ihre Noth.
Du kannst, du kannst, o Mann von Eisen,
Der Mörderschlucht sie noch entreißen!

Jovian.

Soll ich aus menschlich zartem Rühren
Auch uns noch dort zur Schlachtbank führen?
Dem Reiche schuld' ich meinen Rest
Des Heers, der noch sich retten läßt.
Die dort sind todt. Dies neue Leid,
Leg' hin auch das zum Weh der Zeit.

Satorinus.

Daß diesen Tag, o Gott, ich sehe
Dem Reich zur Schmach, der Welt zum Wehe.

O dass mich in der Judenstadt
Kein Flammenschlund verschlungen hat.
Entsetzlich war's, was dort ich sah,
Entsetzlicher tritt hier mir nah
Ein Abgrund für das ganze Reich,
Vor dem ich schaud're todesbleich.
Ein ganzes Heer, das kühn gerungen
Liegt hier vernichtet und verschlungen;
Dort hat der Schrecken nur gedroht
Mit Gottes Zorn und Todesnoth.
Wer dort beim neuen Tempelbaue
Das Grabscheit führte und die Haue,
Den warnte tiefes Donnergrollen,
Bevor empor die Flammen quollen.
Die Erde ward ein Höllenschlund,
Doch keiner gieng von uns zugrund.
Die Quadern nur, Gerüst und Kelle
Verschlang das Feuermeer der Hölle;
Wir blieben heil, laut zu bekennen:
Ihr sollt den Herrn in Ehrfurcht nennen,
Und, statt zu eigner ew'ger Schmach
Frech zu verhöhnen, was er sprach,
Im wüsten Schutt von Zions Höh'n
Des Gottesfluchs Erfüllung seh'n.
Wer aber wird mich jetzt entbinden
Der Pflicht, den Tempel neu zu gründen
Auf seinem flammenschwangren Grund,
Wenn hier ein and'rer Höllenschlund
Den Kaiser und das Heer verschlungen?

Jovian.

Er, den, wenn dort sie ausgerungen,
Des Heeres Rest vielleicht schon morgen
Belastet mit des Reiches Sorgen.
Doch sieh, dort wird uns wer gebracht;
Entrannen diese doch der Schlacht?
O Gott, ich ahne, wen sie tragen,
Und muss nun doch, nun doch es wagen!

Jetzt gibt's nur Eines noch), was noth ist:
Zu schützen ihn, auch wenn er todt ist.
Herbei, herbei, Ihr meine Treuen,
Den Schwur der Ehre zu erneuen
Und ehrlich zu besiegeln auch,
Wenn Gott will, mit dem letzten Hauch!

(Den Kaiser tragend, der scheinbar todt ist, kommen Babio und
ein Centurio von der einen Seite, Legionäre Jovians, seinem Rufe
folgend, von der anderen Seite.)

Babio.

(Zu dem Centurio.)

Ich kann nicht mehr. Laß hier den Todten uns
Im Grase betten. So! Schlaf wohl, mein Kaiser!
Ruh' hier dich aus, bis dir die Nahenden
Ein weich'res Bett mit Freundeshand bereiten.

Der Centurio.

Er ist nicht todt. Ich fühlte bei dem Tragen,
Daß er noch athmet. Nur betäubt hat ihn
Der schwere Stein, der seine Stirne traf.

Babio.

(Zu Jovian, der mit Satorinus näher gekommen ist, während sich
rasch auch die Legionäre Jovians um den Kaiser sammeln.)

O Jovian, du treuer! Alles ist
Gekommen, was du warnend uns gezeigt.
Doch seht, der Kaiser schlägt die Augen auf.

Jovian.

Wenn bis hieher die Perser jetzt sich wagen,
So wäre, hier zu harren, leicht sein Tod.
Drum in die Schlucht mit ihm! Ich bürge
Mit meinem Kopf für seine Sicherheit.

Ihr ersten Zehn, geleitet ihn hinüber,
Ihr andern haltet Euch bereit zum Kampf.

(Einige Legionäre versuchen es, den Kaiser vom Boden aufzuheben,
um ihn fortzutragen.)

Julian.

Verwegne! Kennt ihr Euren Kaiser nicht?

Jovian.

O Herr, sie kennen dich und sorgen treu
Für dein erlauchtes Haupt.

Julian.

Sagt erst, wo bin ich?
Und sagt, wie kommt's, daß dieser Feige noch
Es wagen darf, mir ins Gesicht zu reden?
Doch still! Schon weiß ich alles. Vater Zeus,
Du standest helfend mir im Kampf zur Seite.
Doch für den Stein, der meine Stirne traf,
Warst du ein blinder und ein schlechter Helfer.

Babio.

Er war ein Lump, das macht auch mich zum Christen.

Julian.

Dann bist du doppelt Feigling und Verräther.
Ruft mir den Maximus! Wo habt Ihr ihn?

Babio.

Tief in der Schlucht, wo wir nur einzeln noch
Vordringen konnten, liegt er todt bei Todten.

Julian.

Und Jamblichus?

Babio.

Als uns auf schwarzer Wolke
Das Kreuz erschien, das wie der Vollmond strahlte,

Doch heller noch und glänzender, verschwand er,
Als hätt' ein Abgrund plötzlich ihn verschlungen.

Julian.

Du lügst! Er folgt gewiß den Fliehenden.

Babio.

Die auf der Flucht du wähnst, sie sind die Sieger.

Julian.

Du lügst, du lügst! Laßt mich zu meinem Heere!
Gebt mir ein Schwert! Ich will mein Werk vollenden.
Und wer kein Feigling ist, wie Jovian,
Der folgt dem Kaiser auf der Siegesbahn.
(Julian, der rasch aufgesprungen ist, hat einem der Legionäre das
Schwert entrissen und will zurück in die Schlucht.)

Jovian.

(Ihm das Schwert wieder entreißend.)
Du rasest, Herr! Drum her mit deinem Schwerte!

Julian.

So macht, Ihr Götter, meine Faust zum Schwerte!
Erschlag, o Zeus, den Schurken Jovian
Und „Fluch dem Kreuze!" schwör ich dir auf's neue.
(Julian durchbricht den Kreis der ihn umstehenden Legionäre und
will auch jetzt wieder in die Schlucht. Aus einem nahen Busche
aber schwirrt ein Pfeil, der ihm die Brust durchbohrt.)

Julian.

Weh mir! das ist ein Perserpfeil: ich sinke.
Den Göttern Fluch! Doch nein, nur Fluch dem Kreuze!
O Nazarener, ja, du hast gesiegt!
(Julian bricht zusammen und stirbt.)

Die Legionäre.

Der Kaiser starb. Hoch Jovian, der Kaiser!

Jovian.

Ich bin ein Christ. Wollt Ihr ein christlich Reich?

Die Legionäre.

Ein christlich Reich! Ein christlich Regiment!

Jovian.

In Gottes Namen denn! Ich bin der Kaiser,
Und unser Schwert empfange kühn die Feinde!
Noch könnt Ihr's schwingen mit der alten Wucht;
So tilgt den Frevel, der dem Kreuz geflucht!

Ende.

Von demselben Verfasser ist in demselben Verlage erschienen:

„**Franz Grillparzer,** ein Bild seines Lebens und Dichtens.“

Im Verlage von Adolf Detloff in Frankfurt a. M.:

„**Deutsche Gedichte aus Österreich.** I. Band: Schwertlieder; II. Band: Ein Menschenleben; III. Band: Tröst', Einsamkeit!“

Im Verlage des Kathol. Schulvereines in Wien:

„**Elisabeth, Landgräfin von Thüringen und Hessen,** ein Schauspiel.“

Im Verlage der St. Norbertus-Buchdruckerei in Wien:

„**Was will die Socialdemokratie?**“

Buchdruckerei „Austria“ Wien.